Inhalt

Internet - Web 2.0 als interaktive Kommunikationsplattform

GENIOS WirtschaftsWissen Nr. 10/2006 vom 05.10.2006

Internet - Web 2.0 als interaktive Kommunikationsplattfo

M.Westphal

Kernthesen

- Ein neuer Internet-Hype rollt als Web 2.0 in die heimischen PCs.
- Web 2.0 ist ein interaktives "Social Networking"-System, welches von der Internetgemeinde rasend schnell angenommen wird.
- Wie aber auch schon beim ersten Internet-Hype in den 90er Jahren mangelt es noch an tragfähigen Geschäftsmodellen.

Beitrag

In den letzten Jahren war die Internetwelt zwischen Yahoo und Google aufgeteilt. Das hat sich geändert, jetzt rollt die Web 2.0-Welle. Social Networking-Plattformen wie Myspace, Youtube, Facebook, Digg, Yelp oder OpenBC bestimmen mit ihren neuen Anwendungsszenarien die Titelseiten der Wirtschaftsmagazine und verzeichnen phänomenale Wachstumsraten.

Web 2.0 ist das Internet der zweiten Generation und setzt auf Social Networking

Der Kern von Web 2.0 ist das Social Networking. So werden auf den persönlichen Web-Präsenzen persönliche Informationen bereitgestellt und man kann andere Seiten kommentieren, auf sie verweisen oder mit den Eignern in Kontakt treten. (4)
Die insbesondere von jugendlichen Nutzern besuchten Seiten bieten eine einfachere Form, mit anderen Menschen mit gleichen Interessen in Kontakt zu treten. (4)
Ein wesentlicher Meilenstein für den wachsenden Erfolg der Web 2.0-Plattformen sind die zunehmend schneller werdenden Internet-Verbindungen, die den Austausch multimedialer Inhalte erst ermöglichen. (11)

Das Web 2.0 ist ein Mitmachweb. Der Nutzer geht nicht den Umweg über die Suchmaschine Google, um zu erfahren, welches Hotel auf Mallorca die beste Golfanlage unterhält, sondern setzt auf Social Searching. Er bedient sich also Portalen und Foren, in denen andere Nutzer ihre Erfahrungen, Tipps und persönlichen Lieblingslinks austauschen. (2)
Aus dem Bedürfnis, Bookmarks besser zu organisieren, entstand bereits vor drei Jahren die Seite del.icio.us, welche inzwischen mehr als 200 000 angemeldete Nutzer hat und zehn Millionen Einträge zu einer halben Million Schlagworte umfasst. Andere Anbieter wie Furl, Taggly, Qype oder Mister Wong versuchen, dieses Angebot zu imitieren. (2), (6)

Auch die zweite Generation des Internet erreicht Wachstumsraten vergleichbar mit denen des ersten Internet-Hypes aus den 90er

Die Wachstumsraten der neuen Internet-Pioniere sind beeindruckend. So zählt das 2004 gegründete Portal Myspace schon 100 Millionen aktive Mitglieder und kann auf täglich rund eine Milliarde Clicks von Besuchern verweisen. Täglich registrieren sich 250 000 neue Mitglieder auf dieser Plattform, die nach

Einzelbesuchen gefiltert im US-Werbemarkt derzeit an sechster Stelle steht. Im Vergleich dazu kommt das zehn Jahre ältere und an der Börse mit 35 Milliarden kapitalisierte Yahoo auf vier Milliarden Clicks pro Tag. (1)
Im Networkingmarkt hat sich Facebook hinter Myspace auf Platz zwei platziert.
Die Seite Digg, auf der von den Nutzern Nachrichteninhalte gestellt und über deren Wichtigkeit abgestimmt wird, kommt immerhin auf neun Millionen registrierte Anwender, womit es auf Rang 24 der populärsten Internetseiten der USA rangiert. So belegt die Seite der New York Times auch nur den neunzehnten Rang. (1)
Youtube ermöglicht seinen Nutzern das Hochladen und gemeinsame Teilen von Kurzfilmen. Mit den täglich über 100 Millionen versandten Videos kommt das Portal damit zumindest theoretisch auf eine größere Zuseherschaft als der TV-Sender NBC. (1)
Allerdings mehrt sich inzwischen auch schon wieder die Hysterie im Markt. So erklärte Time Warner, dass Unternehmen wie Youtube oder Facebook zu teuer sein. Für derart unprofitable Geschäfte seien Preise von einer Milliarde US-Dollar und mehr einfach astronomisch. (1)

Auch Web 2.0-Anwendungen

kämpfen mit der ökonomischen Verwertbarkeit ihrer Geschäftsmodelle

Der Wert der Social Networking-Seiten ist, dass die Nutzer viel von sich preisgeben, was Werbern aufgrund der daraus möglichen Profilierung sehr gefällt. Aber die Internetgemeinde ist auch sehr sprunghaft. Man beachte nur das Kontaktnetz Friendster, welches 2003 zwanzig Millionen Nutzer hatte, von denen nur zwei Jahre später über 95 Prozent zur Konkurrenz abgewandert waren.
Neue Internet-Angebote werden zuerst von den Trendsettern genutzt. Sobald das "normale" Publikum einsteigt und damit auch die Zahl der Nutzer extrem ansteigt, suchen sich die Trendsetter ein neues Angebot und der Hype verblasst.
Insider vermuten deshalb, dass diese Web 2.0-Seiten ein gutes Investitionsobjekt sind. Diese Seiten leben davon, dass die Nutzer sich frei ausdrücken können. Sobald sie von Wirtschaftsunternehmen gesteuert werden, kommen Regeln, Haftungs- und Eigentumsrechtsfragen hinzu. Und eine derartige Zensur bedeutet dann häufig das Ende des Netzwerks. (4)
Probleme vieler Networking-Seiten entstehen auch durch anonymisierte Anmeldung der Nutzer, da festgestellte Missbräuche wie illegale Inhalte oder

sexuelle Belästigungen dann kaum kontrollierbar sind. (4)
Aber alle diese neuen Portale kommen nur auf minimalen Umsatz und schreiben Verlust. (1)
Man mag sich an die Neunziger Jahre erinnern und den damaligen Hype des Internets. Auch die heutigen Plattformen sind zwar clevere Geschäftsideen, aber das Geschäftsmodell, mit dem sich Geld verdienen lässt, ist auch bei diesen neuen Internet-Revolutionären nur schwer erkennbar. (1)
Allerdings hat sich auch die Vorgehensweise geändert. War in den Neunzigern noch das erklärte Ziel, die Unternehmen so schnell wie möglich an der Börse für horrende Summen zu kapitalisieren, so werden die neuen Unternehmen von etablierten Medienriesen gekauft. (1)
Anleger haben daher wenig direkte Möglichkeiten, an den neuen Geschäftsmodellen zu partizipieren. Sie können nur mittelbar hoffen, dass die Medienriesen wie Time Warner, CBS, Disney und Yahoo nicht zu überhöhten Konditionen kaufen. (1)
Der Wert dieser Social Networking-Plattformen liegt in dem hohen durch sie und über sie generierten Verkehr, der Medienunternehmen anzieht. (1)

Web 2.0 entwickelt aber auch eine

Eigendynamik, die nicht allen Unternehmen gefallen wird

Web 2.0 entwickelt aber auch eine ganz andere Dynamik. Haben sich Kunden früher auf Firmenfluren oder im Fitness-Studio über die Macken ihres MP3-Players ausgelassen, tun sie dieses nun in Blogs. Das allerdings inspiriert Leidensgenossen zu weiteren Klagen. Noch nach Jahren fischt Google diese Beschwerden, sehr zum Ärger des Herstellers, aus den Tiefen des Internets, sobald der Produktname eingegeben wird. (8)

Fallbeispiele

CBS hat sich auch mit dem Gedanken getragen, Facebook zu kaufen. Allerdings war der gewünschte Preis von rund einer Milliarde US-Dollar den CBS-Managern einfach zu hoch. Angesichts der Tatsache, dass Tom Freston als MTV-Chef seinen Job verlor, weil er Myspace an den Medienkonzern News Corp. gehen ließ, erscheint es trotzdem als mutig. (4)
Auch AOL sieht in Social Networking einen großen Reiz, will aber entsprechende Internet-Präsenzen

nicht kaufen, sondern geht davon aus, dass es ein solches Tool selbst aufbauen kann und geht noch Ende 2006 mit seinem AIMpages an den Start. (4)

Myspace wird sich ab 2007 weiter kommerzialisieren. In Zusammenarbeit mit dem Startup Snocap des Napster-Gründers Shawn Fanning sollen Songs unbekannter Künstler online verkauft werden. (5)

Der Open Business Club, kurz OpenBC genannt, ist im Herbst 2003 gegründet worden, etwa ein halbes Jahr nach seinem "Vorbild", dem amerikanischen LinkedIn. Trotzdem hat es auch OpenBC zu mittlerweile 1,5 Millionen Mitgliedern gebracht, die ihr Profil bei OpenBC hinterlegt haben, es pflegen, um damit (Geschäfts-)Kontakte zu knüpfen.
Der monatliche Mitgliedsbeitrag von knapp sechs Euro der notwendig ist, um sämtliche Funktionen zu nutzen, lässt OpenBC inzwischen längst rentabel arbeiten. Kürzlich konnte man auch den Risikokapitalgeber Wellington Partners zu einer Beteiligung in Höhe von 5,7 Millionen Euro überzeugen. (6)

Auch den Arbeitsmarkt hat Web 2.0 bereits erreicht. So suchen viele Personaler in Plattformen wie OpenBC nach möglichen Kandidatenprofilen. Aber auch neue Tools befinden sich in der Entwicklung, wie z. B. Jobby in den USA, auf dem sich der Bewerber über eine Tag-Wolke einige Eigenschaften aussuchen kann, die ihn beschreiben und über die er dann profiliert gefunden werden kann. (10)

Am 31. August dieses Jahres stellte die Deutsche Telekom ihr neues Social Networking-Portal T-Community vor. Dabei orientiert sich die Telekom an Vorbildern wie Myspace, Flickr oder Youtube. So werden den Nutzern Kontaktmöglichkeiten, Ratgeber-Foren, der Austausch von Bildern, Musikdateien und Videos angeboten. Das 115-Millionen-Projekt soll neue Online-Werbeeinnahmen generieren. (9)

Auch Microsoft schickt sich an, eine Social Networking-Seite auf den Markt zu bringen. Wallop geht in der Testversion gerade online ist aber wie Googles Orkut und Facebook (noch) nur auf Einladung der vorhandenen Mitglieder erreichbar. Im Gegensatz zu Myspace vertraut Wallop aber nicht auf Werbeeinnahmen, sondern will sich über Widgets und andere kostenpflichtige grafische Gimmicks zum Aufpolieren des eigenen Profils finanzieren. Diese Gimmicks kosten zwischen 99 Cent und vier US-Dollar. (3)

Apples iTunes und Telekoms Musicload verkaufen ihre Musik über einen zentralen Musikshop. Auch auf Myspace ist der Handel mit der Musik der Nutzer ein zentraler Bestandteil, allerdings wird hier die Musik über die jeweiligen Mitgliederseiten angeboten, Myspace bekommt eine geringe Vermittlergebühr. So hat Myspace nach eigenen Angaben drei Millionen Bands und Einzelinterpreten auf seinen Seiten. Die meisten dieser haben keine Verträge mit Plattenfirmen, hoffen aber auf einen ähnlichen Überraschungserfolg wie der der Band Arctic Monkeys, die sich über Myspace eine riesige Fangemeinde aufgebaut hatte und schließlich einen Plattenvertrag bekam. (5)

Es gibt auch schon kostenpflichtige Social Networking-Portale, deren Business Modell sich monetär trägt. So gibt es seit Jahren das lettische Draugiern.lv (Mein Freund), in dem für alle interessanten Features gezahlt werden muss und bei dem fast jeder lettische Jugendliche Mitglied ist. (3)

Weiterführende Literatur

(1) Im Internet-Sektor herrscht Goldgräberstimmung Networking-Seiten wie Youtube, Digg und Myspace sind heiss – Keine Börsengänge – Medienkonzerne auf Kauftour – Sonderfall Google
aus Finanz und Wirtschaft vom 30.09.2006, Seite 47

(2) So suchen User im Web 2.0
aus Rheinische Post Nr. vom 28.09.2006

(3) Knoke, Felix, Microsoft macht auf MySpace, Spiegel Online, 27.09.2006
aus Rheinische Post Nr. vom 28.09.2006

(4) "Das erinnert an die Internetblase"
aus Handelsblatt Nr. 185 vom 25.09.06 Seite 16

(5) Auch Myspace will jetzt Musik verkaufen
aus Handelsblatt Nr. 171 vom 05.09.06 Seite 20

(6) Neue Aufbruchstimmung im Web
aus Computerwoche, 01.09.2006, Nr. 35 Seite 12

(7) Web–2.0–Anwendungen Blogs und Podcasts gehören bald zum Alltag
aus HANDELSBLATT online 25.08.2006 12:58:46

(8) Alle Macht dem Netzwerk
aus werben & verkaufen Nr. 34 Beilage Digital Lifestyle vom 24.08.2006 Seite 004

(9) Markt mit digitalen Entertainment-Geräten legt zu
aus W&V Online-Magazin vom 24.08.2006

(10) Web 2.0 erreicht den Arbeitsmarkt
aus Computerwoche, 14.07.2006, Nr. 28 Seite 34-35

(11) Experton Group: Der Webtop nimmt Fahrt auf
aus Computerwoche, 21.07.2006, Nr. 29 Seite 18

Impressum

Internet - Web 2.0 als interaktive Kommunikationsplattform

Bibliografische Information der deutschen Nationalbibliothek

Die Deutsche Nationalbibliothek verzeichnet diese Publikation in der deutschen Nationalbibliografie; detaillierte bibliografische Daten sind im Internet über http://dnb.d-nb.de abrufbar.

ISBN: 978-3-7379-0321-9

oder ähnliche Einrichtungen und die Einspeicherung und Verarbeitung in elektronischen Systemen.